El movimiento

Tira y empuja, rápido y despacio

por Darlene R. Stille

ilustrado por Sheree Boyd

Traducción: Sol Robledo

Agradecemos a nuestros asesores por su pericia:

Paul Ohmann, Ph.D., Profesor Adjunto de Física
University of St. Thomas, St. Paul, Minnesota

Susan Kesselring, M.A., Alfabetizadora
Rosemount-Apple Valley-Eagan (Minnesota) School District

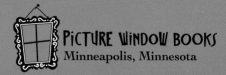

PICTURE WINDOW BOOKS
Minneapolis, Minnesota

Dirección editorial: Bob Temple
Dirección creativa: Terri Foley
Redacción: Nadia Higgins
Asesoría editorial: Andrea Cascardi
Corrección de pruebas: Laurie Kahn
Diseño: John Moldstad
Composición: Picture Window Books
Las ilustraciones de este libro se crearon con medios digitales.
Traducción y composición: Spanish Educational Publishing, Ltd.
Coordinación de la edición en español: Jennifer Gillis/Haw River Editorial

Picture Window Books
5115 Excelsior Boulevard
Suite 232
Minneapolis, MN 55416
1-877-845-8392
www.picturewindowbooks.com

Library of Congress Cataloging-in-Publication Data
Stille, Darlene R.
[Motion. Spanish]
El movimiento : tira y empuja, rápido y despacio / por Darlene R. Stille ;
ilustrado por Sheree Boyd ; traducción Sol Robledo.
p. cm. — (Ciencia asombrosa)
Includes index.
ISBN-13: 978-1-4048-3222-0 (library binding)
ISBN-10: 1-4048-3222-X (library binding)
ISBN-13: 978-1-4048-2491-1 (paperback)
ISBN-10: 1-4048-2491-X (paperback)
1. Motion—Juvenile literature. 2. Force and energy—Juvenile
literature. I. Boyd, Sheree, ill. II. Title.
QC133.5.S7518 2007
531'.11—dc22   2006034380

Contenido

Todo se mueve

Corres a alcanzar el autobús de la escuela.
Las ramas se mecen con el viento. Arriba,
un avión vuela en el cielo.

Todo lo que va de un lugar a otro está en movimiento.

DATO CURIOSO

Hay muchas palabras para describir el movimiento. Tú puedes correr, caminar, brincar, bailar, nadar, deslizarte y patinar. Los pájaros revolotean. Las serpientes se arrastran. Los monos saltan de rama en rama. ¿Qué otras palabras se te ocurren?

¿Cómo se mueven las cosas?

Para arriba y para abajo. Hacia el frente y hacia atrás. Algunas cosas se mueven en línea recta.

De lado o alrededor.
Algunas cosas se mueven en línea curva.

Un carro pasa veloz.
Una pelota de béisbol rompe la ventana.
Unas cosas se mueven rápido.

DATO CURIOSO

La velocidad nos dice lo rápido que se mueve algo. Podemos medir
la velocidad. Cuando el velocímetro de un carro marca 60, significa
que le toma una hora avanzar 60 millas (97 kilómetros).

Un nene gatea de un lado a otro.
Una bola de estambre rueda por el piso.
Unas cosas se mueven despacio.

¡Vámonos!

Si pateas una pelota de fútbol, la lanzas al otro lado del campo. Si pisas el acelerador de un carro, el carro avanza.

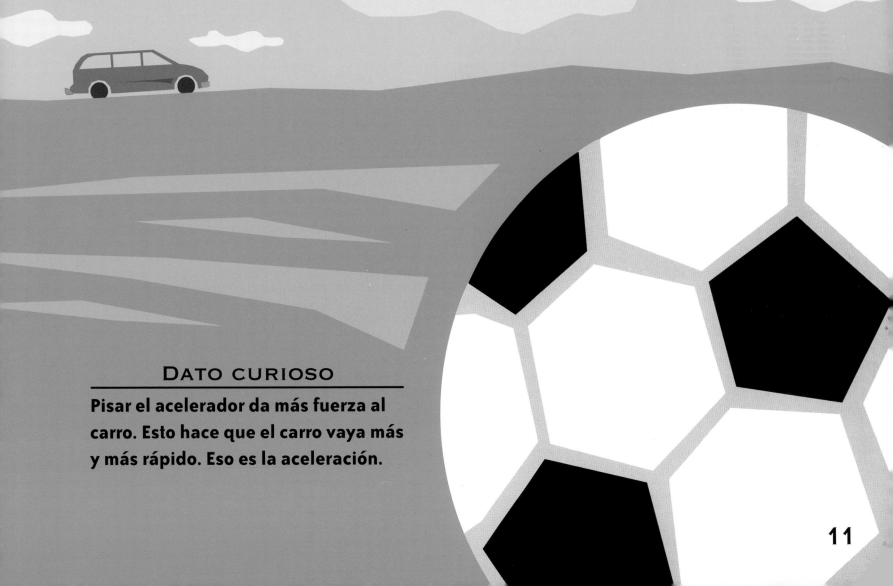

La inercia es una propiedad de la materia. La inercia hace que las cosas se queden en el mismo lugar hasta que las empuje una fuerza. Tu patada es la fuerza que hace mover la pelota. Un motor genera la fuerza que mueve al carro.

DATO CURIOSO

Pisar el acelerador da más fuerza al carro. Esto hace que el carro vaya más y más rápido. Eso es la aceleración.

Si la bolsa se te cae del hombro, ¿qué fuerza la hizo caer? ¿Qué hace que los yoyos bajen o que el agua se derrame? ¿Por qué las pelotas de béisbol se curvan hacia abajo?

La gravedad de la Tierra es la fuerza que atrae todas las cosas hacia abajo.

DATO CURIOSO

Las cosas aceleran al caer. Una gota de agua que está cerca del suelo cae con más velocidad que una gota que está en el cielo.

Una pelota, un carro o una gota de lluvia siguen moviéndose hasta que algo los detiene. La inercia también hace que las cosas sigan en movimiento.

Es por la inercia que necesitamos cinturón de seguridad. Imagínate que vas en un carro y se detiene de repente. Tu cuerpo sigue moviéndose hasta que una fuerza lo detiene. El cinturón de seguridad detiene tu cuerpo y te protege.

DATO CURIOSO

La inercia hace que las cosas se muevan en una dirección. Se necesita una fuerza externa para que algo gire o dé vueltas. Tu bicicleta no voltea a menos que muevas el manubrio. Los papalotes no hacen piruetas sin el viento. Las pelotas de béisbol no se curvan sin la gravedad.

Cuando pateas una pelota en el pasto, pierde velocidad poco a poco hasta que para. El roce de la pelota con el pasto se llama fricción. La fricción es una fuerza que reduce la velocidad de una cosa hasta que para.

Cualquier cosa que roza produce fricción, ¡hasta el aire! Los diseñadores de aviones los diseñan para que el aire no les quite velocidad.

DATO CURIOSO

Para caminar de un lado a otro, se necesita fricción.
Los zapatos rozan el piso. Eso produce fricción.
Gracias a la fricción no te resbalas de un lado a otro.

¿Quién se está moviendo?

Cuando vas en el autobús de la escuela, ves a tus amigos afuera y te saludan. Ellos creen que te estás moviendo muy rápido.

¿Y tu compañera de al lado? ¿También cree que te estás moviendo muy rápido? ¡Claro que no!

DATO CURIOSO

Imagínate que vas en un carro por una autopista. No parece que los carros de al lado van muy rápido.

Nuestro mundo está lleno de movimiento que no sentimos. ¡Incluso mientras lees este libro estás viajando por el espacio! Vivimos en la Tierra y la Tierra gira sobre sí misma y da vueltas alrededor del Sol.

Las hojas tiemblan. Caen gotas de lluvia.
Los carros pasan. Observa el movimiento
a tu alrededor y la fuerza que lo produce.

DATO CURIOSO

Parece que el Sol se mueve de un lado a otro del cielo. Pero no es cierto. La Tierra es la que se mueve. Es de día cuando la parte de la Tierra en la que vives está de cara al Sol. Es de noche cuando se da la vuelta.

Experimentos

Caída de papeles

Materiales:
una hoja de papel
una pelota hecha con una hoja de papel

Pasos:
1. Toma la hoja de papel plana. Suéltala. ¿Cómo cae?
2. Ahora haz lo mismo con la pelota de papel. ¿Cómo cae?
3. Tómalas de nuevo y suéltalas al mismo tiempo. ¿Cuál cae primero?

Más aire roza la hoja plana porque la superficie es más grande.
¿Ves lo que hace la fricción del aire cuando cae el papel?

La prueba de la fricción

Materiales:
una pelota de baloncesto o de fútbol
una cinta métrica
cinta adhesiva

Pasos:
1. Elige un lugar liso en la banqueta. Pega un pedazo de cinta adhesiva en el suelo.
2. Pon la pelota sobre la cinta y dale una patadita. Mide la distancia que la pelota se movió y anota los resultados.
3. Ahora lleva la pelota dentro de tu casa. Repite los mismos pasos sobre una alfombra. Trata de usar la misma fuerza para patear la pelota. Después repítelo en el pasto. Repítelo en la playa o en una caja de arena. Anota los resultados cada vez que lo hagas.

¿En qué superficie se movió más rápido la pelota? ¿Qué superficie produjo más fricción?

Datos sobre el movimiento

El sonido se mueve

El sonido se mueve en ondas. Las ondas viajan a distintas velocidades. El sonido se mueve más rápido a través del metal y del agua que del aire. La distancia del sonido a través del aire al nivel del mar es de 1,116 pies (340 metros) por segundo. El sonido se mueve más rápido a través del aire caliente.

Los frenos

Los frenos del carro producen fricción. Los frenos rozan las ruedas. El roce de los frenos hace que las ruedas vayan más despacio. El carro desacelera.

El cemento y el hielo

Distintos tipos de superficies producen distintos tipos de fricción. El cemento es áspero y el hielo es liso. El cemento produce más fricción que el hielo. Podemos patinar en el hielo. También nos resbalamos en el hielo. Las llantas de un carro ruedan en el cemento, pero en el hielo patinan.

Empate

Deja caer una pelota de fútbol y de tenis desde el techo. ¿Cuál cae primero? Durante mucho tiempo se pensó que los objetos más pesados caían más rápido que los livianos. Pero un científico italiano, Galileo, comprobó que no es cierto. La fricción del aire hace que los objetos caigan a distinta velocidad. Una pluma cae más despacio que una piedra porque su superficie plana roza más aire, no porque pese menos. Si no hubiera fricción del aire, la pelota de fútbol y de tenis caerían al mismo tiempo.

Una fuerza universal

La gravedad es la fuerza que hace que un lápiz se caiga y que una bici baje de la montaña. La gravedad también evita que los objetos floten en el espacio. La fuerza de la gravedad hace que la Luna gire alrededor de la Tierra y que los planetas giren alrededor del Sol.

La cosa más rápida

La luz es lo más rápido del universo. La velocidad de la luz es de 186,282 millas (299,792 kilómetros) por segundo. ¡Eso es 10 millones más rápido que un carro que va por la autopista!

Glosario

aceleración—ir más rápido

fricción—roce de una superficie con otra. La fricción para las cosas en movimiento o hace que vayan más despacio.

fuerza—todo lo que produce un cambio en el movimiento

gravedad—fuerza que atrae los objetos hacia la superficie de la Tierra

inercia—propiedad de la materia que hace que se resista a los cambios de movimiento

velocidad—lo rápido que se mueve algo

Aprende más

En la biblioteca

Por qué se mueven las cosas. México: McGraw Hill Interamericana, 2002.

Rubin, Alan. *Hazlo mover.* Mankato, MN: Capstone Press, 2005.

Whitehouse, Patricia. *Rodar.* Chicago: Heinemann Library, 2003.

En la red

FactHound ofrece un medio divertido y confiable de buscar portales de la red relacionados con este libro. Nuestros expertos investigan todos los portales que listamos en FactHound.

1. Visite *www.facthound.com*
2. Escriba una palabra relacionada con este libro o escriba este código: 1404802509
3. Oprima el botón FETCH IT.

¡FactHound, su buscador de confianza, le dará una lista de los mejores portales!

Índice

Busca más libros de la serie Ciencia asombrosa:

El aire: Afuera, adentro y en todos lados
El agua: Arriba, abajo y en todos lados
El sonido: Fuerte, suave, alto y bajo
El suelo: Tierra y arena
Imanes: Atraen y rechazan
La electricidad: Focos, pilas y chispas
La energía: Calor, luz y combustible
La luz: Sombras, espejos y arco iris
La materia: Mira, toca, prueba, huele
Las rocas: Duras, blandas, lisas y ásperas
La temperatura: Caliente y frío